HAL LEONARD

MÉTHODE DE UKULÉLÉ LIVRE 1

PAR LIL' REV

ISBN 978-1-4803-4436-5

7777 W. BLUEMOUND RD. P.O

COPYRIGHT © 2005 by H
International Copyright Se

Tous droits réservés pour tous pays. Au
sous aucune forme : imprimée, photocop
l'autorisa

www.de
www.halleonard.com

T0057522

INTRODUCTION

Bienvenue dans la *Méthode de Ukulélé 1* de Hal Leonard. Cette méthode a été conçue pour vous aider à atteindre votre objectif, celui de devenir un joueur de ukulélé performant. Comme il existe plusieurs styles et différentes techniques à apprendre, ce livre va s'intéresser au jeu mélodique ou note à note.

Une fois que vous allez commencer, vous allez découvrir que le ukulélé est un petit instrument magique qui semble toujours attirer un sourire. Il a réellement le pouvoir de rendre les gens heureux. Que ce soit à cause de sa taille originale ou de son caractère rythmé communicatif, vous pouvez vous attendre à ce que vos efforts pour jouer de votre uke donneront fréquemment aux gens l'envie de taper du pied, claquer des doigts, frapper des mains et chanter en chœur des chansons de toujours.

Au fil du temps, vous constaterez aussi que le potentiel du ukulélé va bien plus loin que le simple accompagnement, en y ajoutant le fingerpicking, des solos, des leads et le jeu mélodique, des techniques plus complexes, des roulements, des trémolos, des glissés et encore tout un ensemble de rythmes et d'effets.

Ce que vous jouerez ne sera pas toujours parfait, mais il est certain que cela vous aidera à progresser. Même s'il est important de beaucoup travailler, s'il vous plaît souvenez-vous que la musique doit rester avant tout un plaisir. Vous n'avez pas besoin de vous entraîner dix heures par jour pour vous améliorer. Veillez plutôt à ce que votre pratique soit efficace sur de courtes durées. Avec assiduité, vous maîtriserez rapidement les techniques importantes et de nombreux concepts.

Bonne chance et beaucoup de plaisir dans votre pratique !

-Lil' Rev

Remerciements particuliers à Jennifer Rupp, Will Branch et Dennis Felber pour leur assistance technique.

À PROPOS DE L'AUTEUR

Lil' Rev est né à Milwaukee, et vit depuis dans le Wisconsin. Il a reçu un Music Award, est multi-instrumentiste, écrivain et historien de la musique. Il parcourt les États-Unis pour enseigner et interpréter le folk original et traditionnel, le blues, la musique ethnique et la musique ancienne.

Pour en savoir plus sur les enregistrements, les projets ou le programme de Lil' Rev, rendez-vous sur www.lilrev.com.

À PROPOS DU AUDIO

Le audio qui accompagne ce livre contient des enregistrements d'exercices et de morceaux sélectionnés par leçon. Dès que vous apercevrez l'icône audio (🔊) lancez le numéro de la piste correspondante. Votre objectif doit être d'apprendre suffisamment bien le morceau pour pouvoir le jouer avec l'enregistrement. Lorsqu'il y a deux pistes par morceau, la première piste correspond à la version de démonstration, alors que la deuxième piste propose une version d'accompagnement correspondant aux accords notés en gris au-dessus de la portée. Ceci vous permettra de jouer une partie pendant que l'enregistrement joue l'autre.

UNE BRÈVE HISTOIRE DU UKULÉLÉ

Pour beaucoup d'historiens du ukulélé, sa naissance date de 1879, quand des ouvriers agricoles portugais arrivèrent à Honolulu à bord du bateau anglais le *Ravenscrag*. Beaucoup de ces ouvriers –comme Augusto Dias, Manuel Nunes, Joao Fernandes, Joao Luiz Correa et Jose do Espirito Santo- possédaient une remarquable agilité pour jouer de la *machete* (une sorte de petite guitare avec quatre cordes en boyau, le précurseur du uke). Par ailleurs, ces ouvriers avaient une grande passion pour le travail du bois, et ainsi a commencé une riche tradition de fabrication du ukulélé dans les îles.

En 1915 a eu lieu l'Exposition Internationale Panama Pacifique de San Francisco. Le pavillon hawaïen, avec ses ukulélés bien-aimés, contribua à susciter l'engouement populaire auprès des musiciens et de l'ensemble du public. En ont suivi des chansons hawaïennes et des musiciens, une industrie d'édition musicale qui régulièrement imprimait les accords pour le ukulélé sur ses partitions, des artistes de variété s'accompagnant au ukulélé et des entreprises de fabrication d'instruments telles que Martin, Gibson, Harmony, Lyon & Healy et Epiphone, toutes travaillant sans limite pour satisfaire la demande de ukulélés de qualité.

Quelques-uns des plus célèbres musiciens ont émergé lors de cette première période : Cliff Edwards (Ukulele Ike), Wendell Hall (The Red-Headed Uke Player), Johnny Marvin (Honey Duke), Roy Smeck, Frank Crumit, King Bennie Nawahi, Ukulele Bailey et George Formby (dans le Royaume-Uni).

Tandis que la crise des années 30 et la guerre des années 40 ont provoqué une baisse d'intérêt temporaire, l'hystérie pour le ukulélé recommença dans les années 50 avec l'apparition du joueur de ukulélé baryton Arthur Godfrey, dont les nombreux passages à la télévision et à la radio contribuèrent à remettre le ukulélé sous les feux de la rampe. Durant la décennie suivante, la nouvelle version de Tiny Tin en 1968 de la chanson de Nick Lucas *Tiptoe Trough the Tulips* fut un véritable tube et il est certain que c'est encore la chanson de ukulélé la plus connue du grand public aux États-Unis.

Le renouveau actuel pour le ukulélé est marqué par un gigantesque intérêt partagé par les jeunes et les anciens, puisant dans des sources éclectiques et traditionnelles. On note une vitalité dans le cercle actuel des musiciens professionnels, tous traitant le ukulélé avec beaucoup de respect historique tout en continuant à en repousser les limites dans de nouvelles directions. Il suffit d'entendre le virtuose canadien James Hill interpréter son incroyable version du thème *Super Mario Brothers* ou la jeune star hawaïenne Jake Shimabukuro jouer Mrs Robinson de Paul Simon ou encore le gourou du ukulélé Jumpin' Jim Beloff chanter le standard *Bye Bye Blackbird*.

Comme vous le voyez, dès que vous aurez appris les bases de la mélodie et de l'accompagnement, il n'y a pas de limite… l'histoire continue à s'écrire !

Cliff Edwards, The Golden Voice
(La Voix en Or des années 20 et 30).
(avec l'amabilité de David Garrick)

George Formby, la Star du Uke au Royaume-Uni.
(des images d'archives de la BBC / Redferns)

Tiny Tim entra avec éclat dans la culture pop
avec sa nouvelle version de la chanson de
Nick Luca *Tiptoe Through the Tulips*.

VOTRE UKULÉLÉ

Cette méthode correspond à tout type de ukulélé, soprano, concert ou ténor -qu'il ait la caisse en bois, qu'il soit banjo-ukulélé ou à résonateur. Ce manuel est adapté à toutes les variantes de ukulélé.

Ukulélé en bois

Ukulélé à résonateur

Banjo-ukulélé

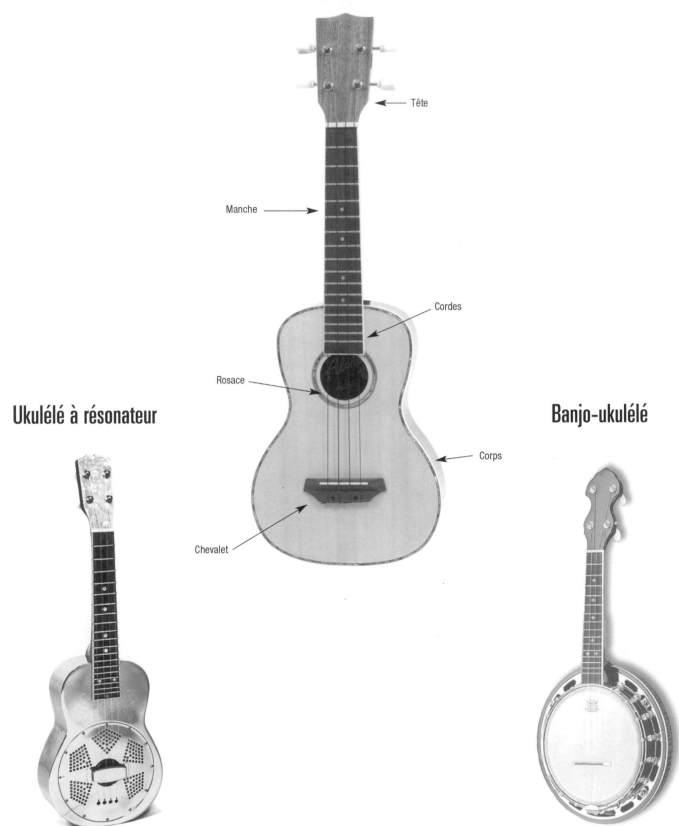

Tête

Manche

Cordes

Rosace

Corps

Chevalet

LA TENUE DE L'INSTRUMENT

Il existe plusieurs façons de tenir votre ukulélé confortablement. Habituellement, vous êtes assis mais vous pouvez avoir besoin de jouer debout. Voyez ce qui vous convient le mieux.

La position assise vous permet de garder votre uke sur la jambe droite. Appuyez légèrement avec votre avant-bras droit pour maintenir votre uke sur la droite de votre cage thoracique.

La position debout demande un peu plus d'habitude. Vous devez appuyer légèrement plus avec votre avant-bras droit pour garder le uke en place.

Certains musiciens utilisent une bandoulière pour maintenir leur uke en place.

LA MAIN DROITE

Une fois que vous êtes confortablement installé avec votre uke, vous allez devoir commencer à vous familiariser avec les positions de la main, du pouce et de l'index afin de pouvoir jouer et accompagner proprement.

La main

Placez votre main légèrement en haut de la rosace avec vos doigts tendus au-dessus du manche.

Le pouce

Placez votre pouce au-dessus de la base inférieure du manche pour un battement léger.

L'index

Incurvez légèrement votre doigt et placez-le au-dessus de la dixième case (vous en apprendrez bientôt davantage sur les numéros des cases).

S'ACCORDER

Lorsque vous accordez votre ukulélé, vous devez régler la hauteur de chaque corde (vers l'aigu ou le grave). Quand vous tendez une corde, vous montez la note. Quand vous détendez, une corde, vous baissez la note.

S'ACCORDER AVEC LE AUDIO

Les cordes de votre uke sont numérotées de 1 à 4, la corde 4 étant la plus proche de votre buste. Dans cette méthode, vous utiliserez l'accord standard en Do (le plus commun), donc votre uke devra être accordé ainsi :

PISTE 1

Note :	SOL (G)	DO (C)	MI (E)	LA (A)
Corde :	4	3	2	1

Écoutez la note juste donnée par le audio (Piste 1) et tournez doucement votre clé jusqu'à ce que la note de chaque corde corresponde à celle du audio.

S'ACCORDER AVEC UN ACCORDEUR ÉLECTRONIQUE

Un accordeur électronique "entendra" si les cordes sont justes ou non, vous permettant de les ajuster à la bonne hauteur. En sachant que je recommande d'apprendre à accorder à l'oreille (en étant capable de reconnaître et de modifier la hauteur d'une note sans avoir recours à un appareil), un accordeur électronique peut être très utile lorsque l'on débute et que l'on n'a pas encore développé son aptitude à reconnaître la hauteur des notes. La précision et l'efficacité d'un accordeur en font un outil très utile.

S'ACCORDER À L'OREILLE

Accordez la corde de Sol (G) à partir d'une source, telle qu'un piano ou un diapason à branche ou à vent. Accordez alors les autres cordes avec les notes suivantes pour créer cette phrase musicale (comme vous pouvez l'entendre sur la Piste 1 du audio) :

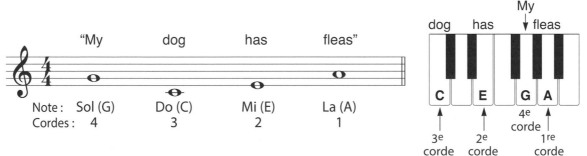

ACCORD RELATIF

Souvent, vous devrez accorder votre instrument sans aucun point de repère, car vous ne disposerez pas de source fiable. Pour ce faire, suivez ces étapes :

1. Considérons que la troisième corde est bien accordée en Do (C).

2. Appuyez sur la troisième corde dans la quatrième case (Mi ou E) et accordez la corde 2 jusqu'à obtenir la même note.

3. Appuyez sur la seconde corde dans la cinquième case (La ou A) et accordez la corde 1 à vide.

4. Enfin, appuyez sur la seconde corde dans la troisième case (Sol ou G) et accordez la quatrième.

Une fois que toutes les cordes sont accordées, elles joueront la fameuse phrase musicale :

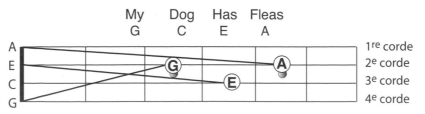

LES SIGNES MUSICAUX

La musique s'écrit avec des notes sur une portée. La portée comprend cinq lignes et quatre interlignes. La position d'une note sur la portée détermine sa hauteur (aiguë ou grave). Au début de la portée se trouve une clé. Le ukulélé s'écrit en clé de Sol.

PORTÉE

CLÉ DE SOL

Chaque ligne et chaque interligne porte le nom d'une note. Les lignes s'appellent (de bas en haut) E-G-B-D-F, (soit Mi-Sol-Si-Ré-Fa). Les interlignes s'appellent (de bas en haut) F-A-C-E (soit Fa-La-Do-Mi).

LIGNES

Mi (E) Sol (G) Si (B) Ré (D) Fa (F)

INTERLIGNES

Fa (F) La (A) Do (C) Mi (E)

La portée est divisée en plusieurs parties par des barres de mesure. L'espace entre deux barres de mesure s'appelle une mesure. On indique la fin d'un morceau par une double barre placée sur la portée.

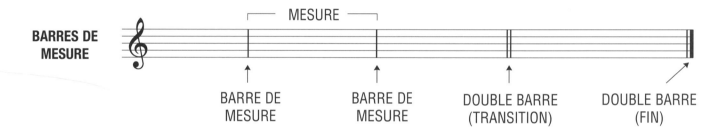

BARRES DE MESURE

MESURE

BARRE DE MESURE | BARRE DE MESURE | DOUBLE BARRE (TRANSITION) | DOUBLE BARRE (FIN)

Chaque mesure contient un même nombre de temps. Les temps sont les pulsations de la musique. Vous marquez la pulsation ou le temps quand vous tapez du pied.

Les deux chiffres placés juste après la clé sont les **indicateurs de mesure**. Le chiffre du haut indique le nombre de temps par mesure.

QUATRE TEMPS PAR MESURE
UNE NOIRE ÉGALE UN TEMPS (♩)

Le chiffre du bas indique à quel type de note correspond une pulsation.

Les notes indiquent la durée (nombre de temps) d'un son.

VALEUR DES NOTES

Ronde = 4 temps   Blanche = 2 temps   Noire = 1 temps

La place occupée par une note dans une portée indique à la fois la durée de la note (de par sa forme) et sa hauteur (de par sa position sur une ligne ou dans un interligne).

LES NOTES SUR LA CORDE DE DO

Nous allons commencer par apprendre les notes sur la corde de Do (C), ou troisième corde, parce que dans la tonalité de Do (C), la quatrième corde (Sol-G) n'est habituellement pas utilisée sauf pour jouer des accords. Cependant, de nombreux musiciens (comme le légendaire Hawaïen Ohta San) accordent la corde de Sol (G) en grave afin de l'utiliser pour jouer des mélodies.

LES NOTES SUR LA CORDE DE MI

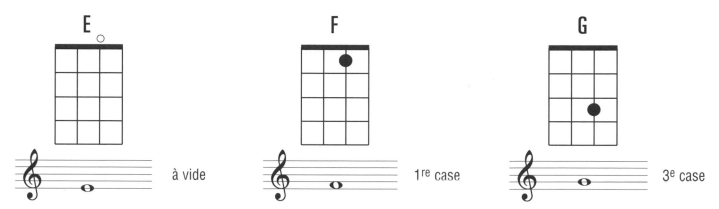

E — à vide
F — 1ʳᵉ case
G — 3ᵉ case

Comptez "1 – 2 – 3 – 4" comme vous l'avez fait pour l'exercice précédent.

PISTE 4

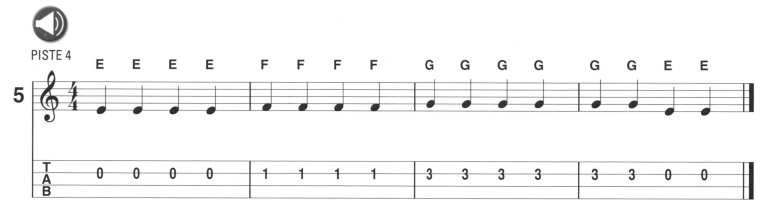

À chaque fois que vous répétez ces exercices, essayez d'augmenter la vitesse, sans perdre la précision.

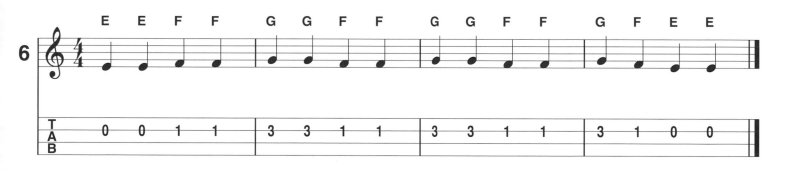

Maintenant, mélangeons encore le tout.

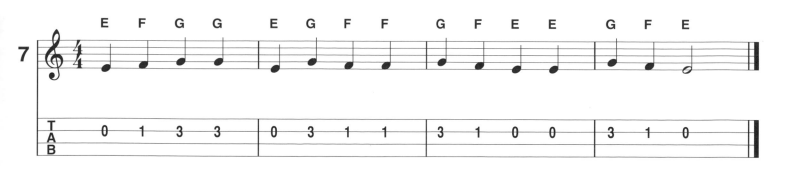

RÉVISION DES CORDES DO (C) ET MI (E)

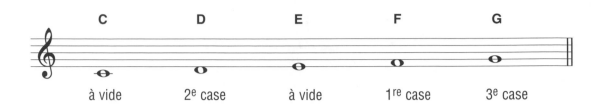

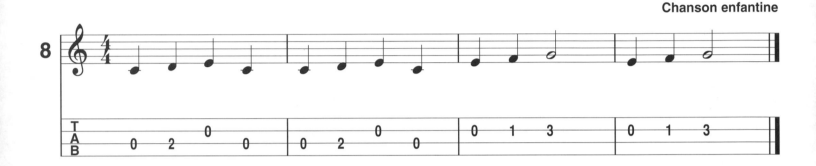

FRÈRE JACQUES

Chanson enfantine

 ## MARY HAD A LITTLE LAMB

PISTE 5

Cette mélodie traditionnelle américaine, tout comme *Skip to My Lou, Old Dan Tucker* et tant d'autres chansons populaires, est devenue un grand classique. Pour le plaisir, j'y ai ajouté une petite fin sympathique.

Les notations en gris utilisées tout au long de cette méthode indiquent les accords qui accompagnent votre mélodie - et qui peuvent être joués par un professeur ou un autre joueur de uke.

GO TELL AUNT RHODY

PISTES 6 & 7

Chanson traditionnelle américaine

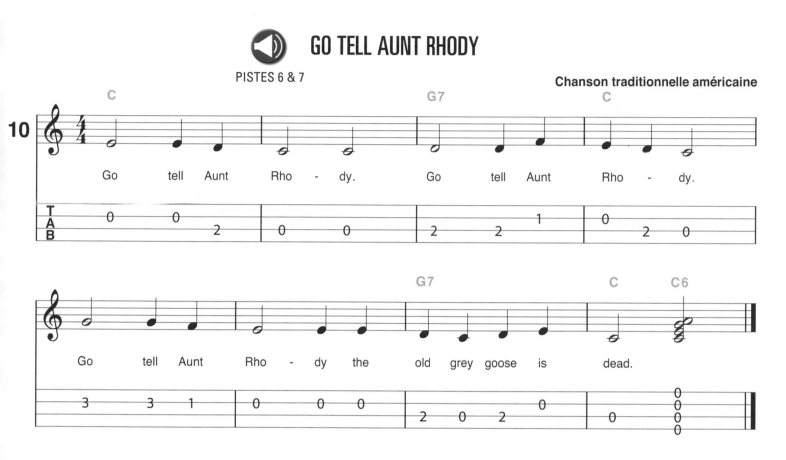

Cet arrangement classique pour ukulélé vous permettra de vous familiariser avec la plupart des notes que vous venez d'apprendre, en allant et venant de la corde de Do à la corde de Mi.

ODE À LA JOIE

PISTES 8 & 9

Beethoven

LES NOTES SUR LA CORDE DE LA

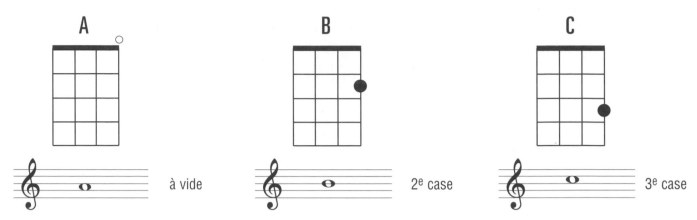

Comptez "1 – 2 – 3 – 4" comme vous l'avez fait dans les exercices précédents.

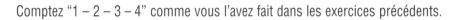

PISTE 10

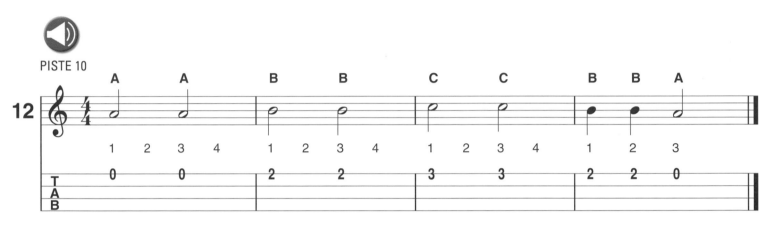

Essayez de dire le nom des notes en même temps que vous les jouez.

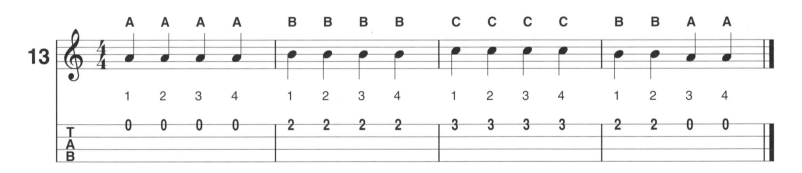

Maintenant, mélangeons encore le tout.

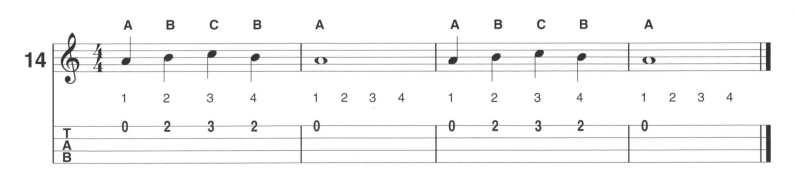

Maintenant, jouons une mélodie simple que tout le monde connaît avec les notes que nous avons apprises sur les cordes de Do, de Mi et de La. Faites bien attention aux noires et aux blanches et jouez avec votre pouce.

AH ! VOUS DIRAIS-JE, MAMAN

PISTE 11

Mélodie enfantine

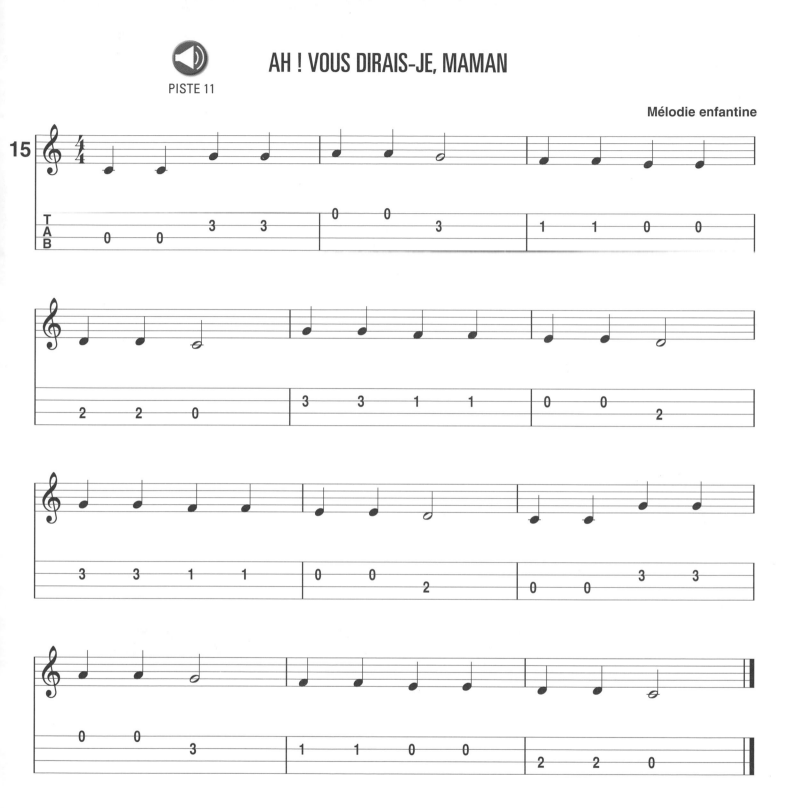

Les mélodies célèbres restent toujours gravées dans nos cœurs. Elles sont à la source de nombreuses variantes, comme l'atteste l'illustre mélodie enfantine *Ah ! vous dirais-je, maman*, connue également dans sa version anglaise *Twinkle, Twinkle Little Star*.

Moins connu et souvent négligé est le célèbre répertoire enregistré dans les années 20 et 30 par des groupes country, blues et "jug" de l'époque. Leur utilisation du ukulélé démontre non seulement son rôle percussif, mais aussi sa large gamme de styles - des rythmes complexes, roulements et fingerpicking jusqu'aux trémolos et techniques de la mélodie, tous, bien sûr en réponse au scat, aux sifflements, au chant yodel et autres variations vocales de cette époque. Quelques-uns de ces célèbres groupes ont été the Hillbillies, Fiddlin' Powers Family, Jimmie Rodgers, Memphis Jug Band et DaCosta Woltz's Southern Broadcasters.

LES LEVÉES

Il arrive parfois qu'une mélodie commence avant le premier temps de la première mesure. Ces notes forment **une levée** et se trouvent dans une partie de mesure appelée **mesure de levée**. Rappelez-vous qu'il faut toujours compter les pulsations manquantes avant de jouer la première note de votre levée. Quand une chanson commence avec une levée, la dernière mesure sera plus courte du nombre exact de temps que compte la levée.

La mesure de levée dans cet exercice comprend juste une noire. Comptez "1 – 2 – 3" en silence avant de jouer la noire sur le quatrième temps. Remarquez que la dernière mesure est plus courte d'un temps pour compenser le temps de la levée.

La mesure de levée suivante comprend deux noires. Comptez "1 – 2" en silence avant de jouer les temps 3 et 4.

LES NOTES POINTÉES

Quand vous rencontrez une note pointée, rajoutez 50 % de sa valeur à sa valeur initiale. Par exemple, une blanche pointée (h.) dure autant qu'une blanche plus une noire. Le point ajoute à une note la moitié de sa valeur.

Regardez bien les blanches pointées sur cette partition.

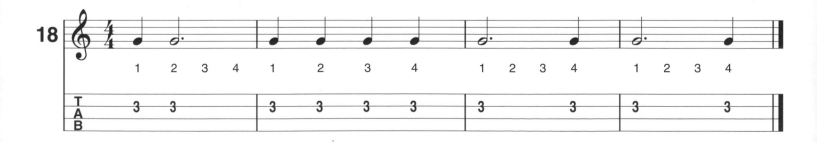

OH! SUSANNA

PISTES 12 & 13

Stephen C. Foster

19

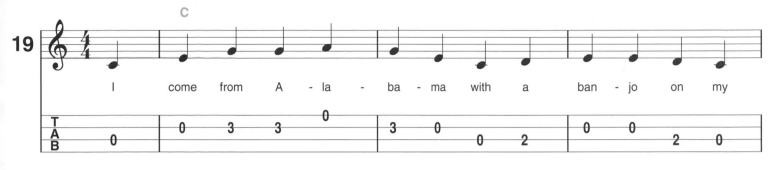

I come from A - la - ba - ma with a ban - jo on my

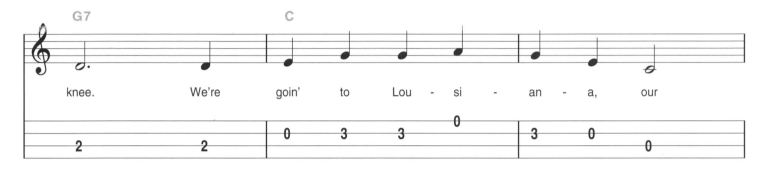

knee. We're goin' to Lou - si - an - a, our

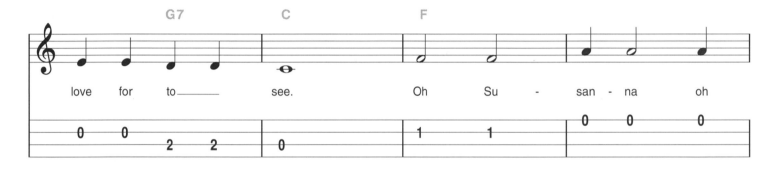

love for to _____ see. Oh Su - san - na oh

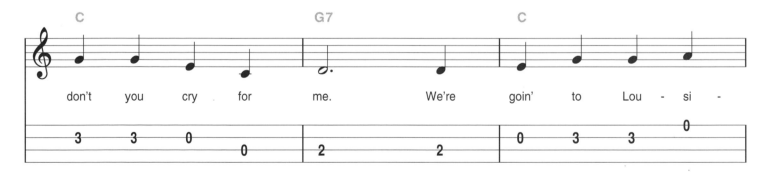

don't you cry for me. We're goin' to Lou - si -

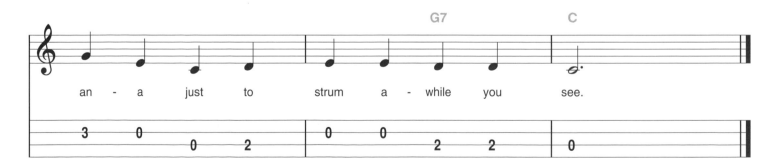

an - a just to strum a - while you see.

LA GAMME DE DO MAJEUR

RASSEMBLONS TOUT

Commencez par jouer la gamme dans les deux sens, en montant et en descendant. Utilisez votre pouce (ou un médiator en feutre) en jouant lentement puis en accélérant progressivement. Tout en jouant la gamme, dites le nom des notes quand vous les attaquez. Quand vous y arrivez facilement sans perdre le rythme, alors vous êtes prêt à jouer d'autres mélodies simples.

PISTE 14

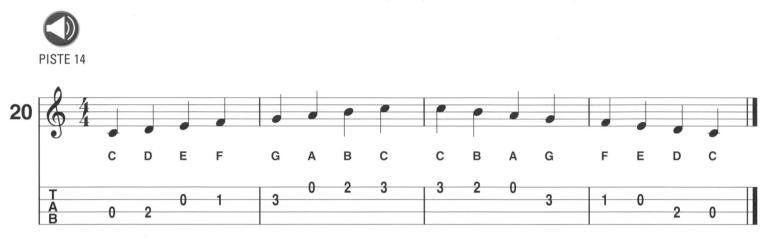

Essayer de monter et descendre la gamme de Do, en jouant deux fois chaque note. Votre objectif est d'obtenir un son régulier et sans à-coups.

PISTE 15

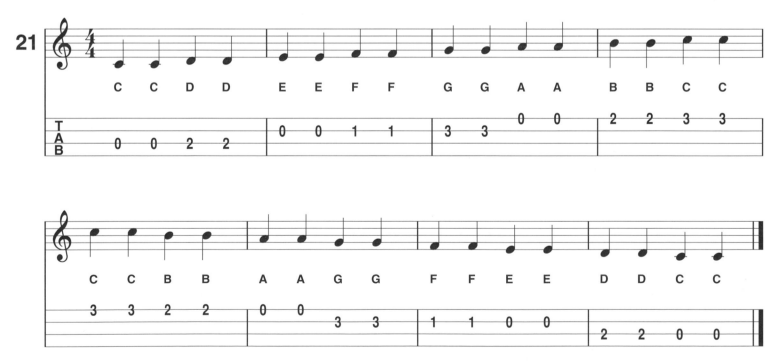

LE RÉ ET LE MI AIGUS

Vous savez déjà comment jouer le Ré grave et le Mi grave. On trouve ces mêmes notes en plus aiguës (ou octaves) sur la corde de La (A). Les voici :

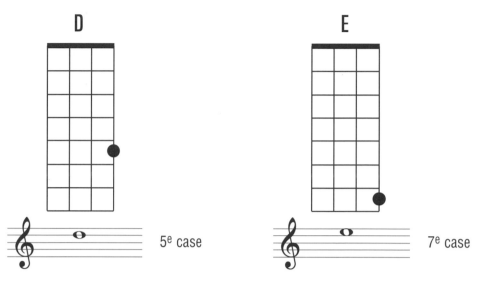

Essayez de jouer le Ré aigu et le Mi aigu en blanches. Comptez "1 – 2 – 3 – 4".

PISTE 16

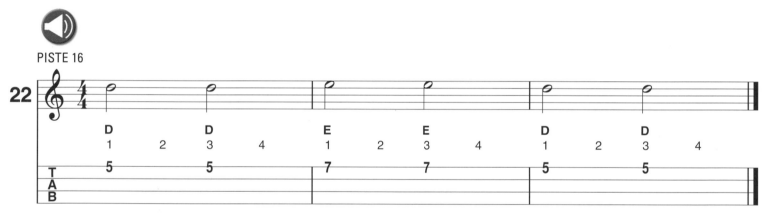

Souvenez-vous, utilisez votre pouce et comptez pendant que vous jouez ces noires.

Mélangeons encore un peu plus le tout maintenant !

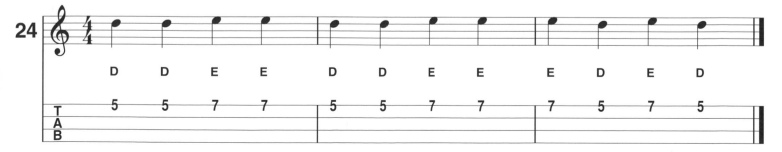

Cette chanson d'amour traditionnelle était connue sous le nom de *Aura Lee* jusqu'en 1956, lorsqu'Elvis Presley la rendit célèbre avec le titre *Love Me Tender*. L'accompagnement est présenté ici en deux versions : une version "normale" en piste 18 et une version dans un style "trémolo" en piste 54 (voir page 40).

AURA LEE

PISTES 17, 18 & 54

LIAISONS

Ce symbole (⌣) s'appelle une liaison. Quand vous voyez deux notes liées ensemble (♩ ♩) même à cheval sur deux mesures, jouez-les comme une seule note. En d'autres termes, ajoutez la valeur de la première note à celle de la deuxième sans interruption.

Dans la douzième mesure de *Wildwood Flower*, le nombre (3) au-dessus des deux premières notes indique que vous devez jouer ces notes avec le troisième doigt (annulaire) de votre main gauche. Regardez bien les liaisons !

WILDWOOD FLOWER

PISTES 19 & 20

Traditionnel, fin du XIXᵉ

LES CROCHES

Nous allons rencontrer des morceaux avec des croches. Deux croches égalent la valeur d'une noire.

Une croche seule s'écrit avec le signe (♪) Deux croches consécutives sont accrochées par une barre (♫). Pour compter les croches, dites "et" entre les temps. En 4/4, il y a huit croches par mesure.

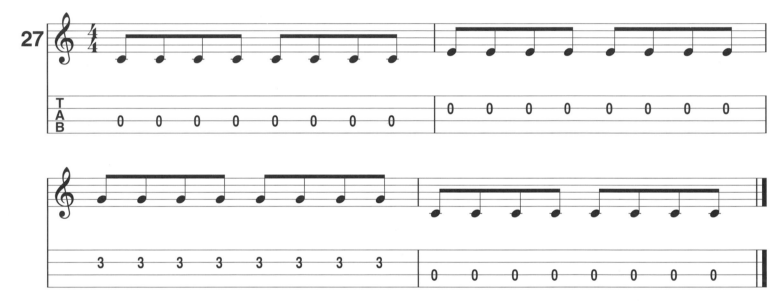

Jouez ces croches. Allez lentement et régulièrement et comptez "1 et 2 et 3 et 4 et".

Le morceau suivant mélange les noires et les croches. La mélodie est enregistrée deux fois, ce qui vous permettra de jouer en canon avec le audio : commencez à jouer lorsque vous entendrez la mélodie de la 3e mesure*. À la reprise, arrêtez-vous au point d'orgue.

FRÈRE JACQUES

PISTE 21

Comptine

Pour commencer, jouez cette mélodie qui comprend principalement des noires.

SHORTENING BREAD

PISTES 22 & 23

Chanson traditionnelle du Sud

Maintenant, jouez cette même mélodie écrite en croches. Comme toujours, jouez sans hâte au départ, puis accélérez progressivement.

SHORTENING BREAD
(Rassemblons tout)

PISTES 24 & 25

"C'est lors d'une fête donnée en l'honneur du Roi Kalakaua en 1886, alors qu'il accompagnait pour la première fois une danse de hula, que le ukulélé devint l'instrument officiel des Iles hawaïennes".

Acoustic Guitar and Other Fretted Instruments

LITTLE BROWN JUG

PISTES 26 & 27

Traditionnel américain

"Le ukulélé avait cet avantage : même un musicien non professionnel pouvait vous dire si vous jouiez vraiment ou si vous vous amusiez simplement avec lui."

Will Rogers

LES ACCORDS

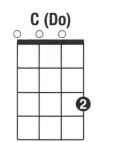
C (Do)

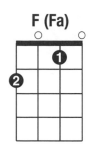
F (Fa)

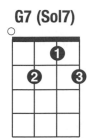
G7 (Sol7)

Un accord est une combinaison de trois notes ou plus jouées ensemble. Les schémas d'accords ci-dessus sont comme des cartes du manche de votre ukulélé. Comme vous l'avez vu avec des notes séparées, les points montrent quelles cordes jouer et dans quelles cases. Les chiffres sur les points indiquent quels doigts utiliser. Pour jouer un accord de Do par exemple, utilisez le bout du deuxième doigt de votre main gauche et appuyez sur la corde de La dans la troisième case. Jouez ensemble les quatre cordes avec votre main droite et voilà ! Maintenant, essayez les accords de Fa et de Sol7.

Jouez ces accords en grattant les quatre cordes vers le bas avec votre pouce. Jouez une fois sur chaque temps de la mesure. Attention : utilisez bien le bout de vos doigts pour appuyer sur les cordes là où c'est indiqué de sorte que vos doigts ne touchent pas les autres cordes.

PISTE 28

32

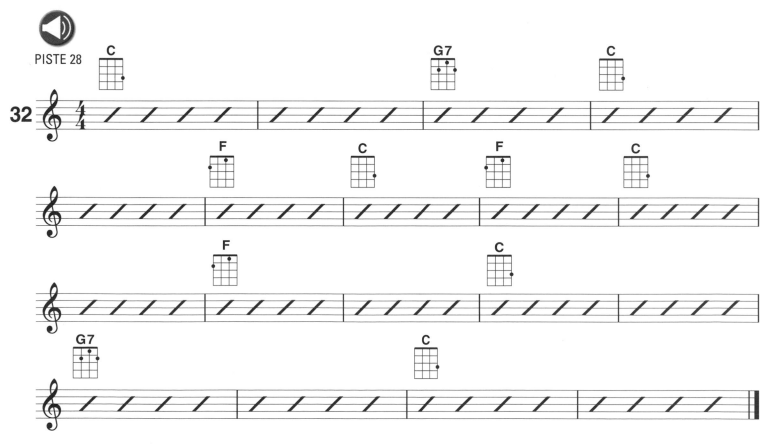

JOUER EN ACCORDS

Maintenant que vous connaissez quelques accords de base, il est temps de travailler sur des techniques simples d'accompagnement. La façon la plus basique d'accompagner des accords se fait avec le pouce, comme cela vous est montré.

L'ACCOMPAGNEMENT AVEC LE POUCE

Avec votre main relâchée, grattez doucement les cordes vers le bas avec votre pouce. t

↓ ↓ ↓ ↓ COMPTEZ : 1 – 2 – 3 – 4

À chaque fois que vous grattez les cordes vers le bas, remontez votre main sans toucher les cordes et replacez votre main vers le haut pour gratter à nouveau vers le bas. Entrainez-vous jusqu'à obtenir un rythme régulier.

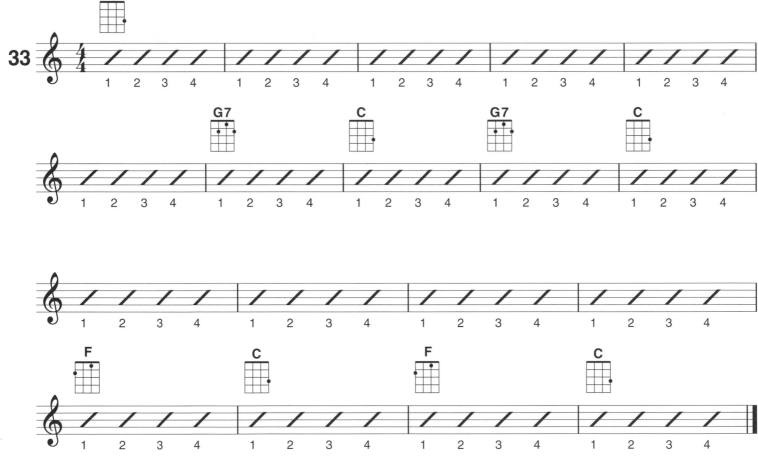

Avec cette célèbre mélodie sur deux accords, jouez l'accompagnement avec le pouce tout en chantant les paroles de Petit Jean.

34

C	G7	C	G7
Sifflotant	Petit Jean	s'en va seul	à travers champs

C	G7	C	G7	C
Il a mis	son chapeau	car rien	n'est trop	beau.

L'ACCOMPAGNEMENT AVEC L'INDEX

L'utilisation du pouce est peut-être la façon la plus simple d'accompagner, mais l'accompagnement avec l'index est la technique la plus courante pour jouer du ukulélé. Laissez le poignet de la main droite relâché et courbez votre index comme le montrent les photos. Placez votre main vers le bas du manche et jouez en descendant en utilisant le bout de votre doigt.

Comme vous le faisiez avec le pouce, grattez les quatre cordes vers le bas, remontez votre main sans toucher les cordes, puis redescendez à nouveau.

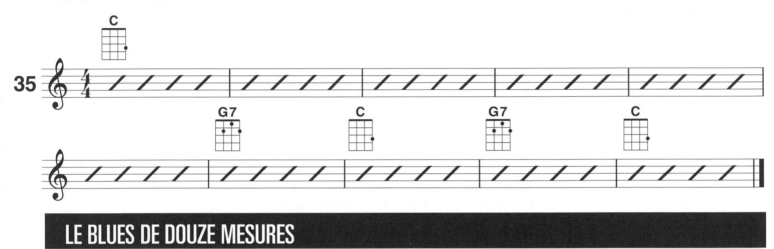

LE BLUES DE DOUZE MESURES

La structure simple de blues ci-dessous est appelée Blues de douze mesures parce qu'elle contient douze mesures. Du rock au pop en passant par la country, elle est la base sur laquelle repose beaucoup de musique américaine. Elle est au cœur de celle de Chuck Berry, Bill Haley, Jerry Lee Lewis et de centaines d'autres musiciens.

Jouez cette structure en accompagnant doucement avec cette formule rythmique : en bas, en bas-en haut, en bas-en haut, en bas-en haut.

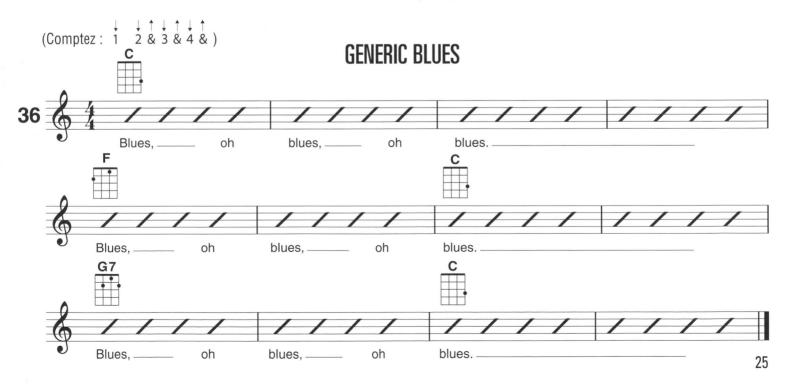

25

L'ACCOMPAGNEMENT AVEC LE POUCE ET L'INDEX

Maintenant que vous êtes à l'aise dans l'accompagnement avec le pouce et l'index, mélangeons-les pour créer un rythme intéressant. L'indicateur de mesure est 4/4, soit quatre temps par mesure. Il faut compter "1 – 2 – 3 et 4".

1. Descendez avec votre index sur le premier temps.

2. Descendez à nouveau avec votre index sur le deuxième temps.

3. Descendez encore avec votre index suivi très rapidement par votre pouce sur le troisième temps.

4. Tout de suite après, remontez avec votre index sur le "et" du troisième temps (la croche après le troisième temps).

5. Descendez avec votre index sur le quatrième temps.

Écoutez la piste 21 pour bien sentir ce nouveau rythme. Il y a beaucoup de variations que vous pouvez jouer. Ci-dessous se trouve un dessin de ce rythme principal ainsi que celui d'une petite variation. Vous pouvez les entendre tous les deux sur la piste 21. Les flèches représentent les coups donnés vers le haut et vers le bas ; F = finger (index), T = thumb (pouce).

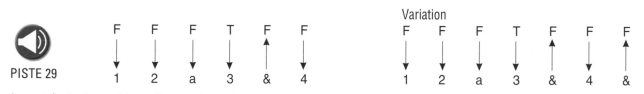

PISTE 29

Jouez très lentement jusqu'à pouvoir garder un rythme régulier "1 – 2 – a – 3 – et – 4". Cela aide de compter à voix haute.

STRUM IT

PISTE 30

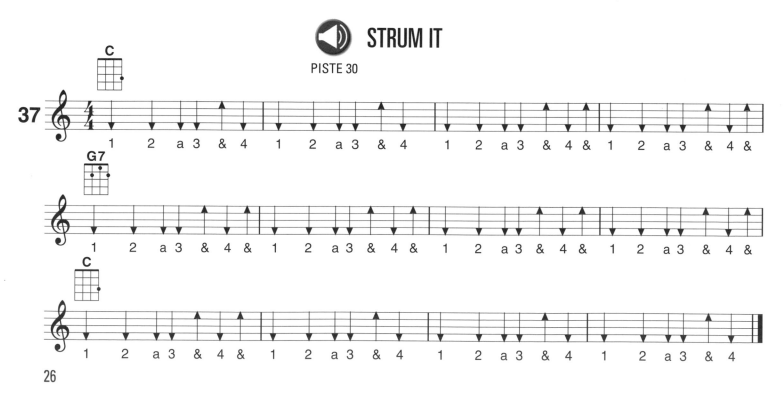

26

LA FAMILLE DE L'ACCORD DE SOL

Accords de G (SOL), C (DO), D7 (RE7) et Em (Mim)

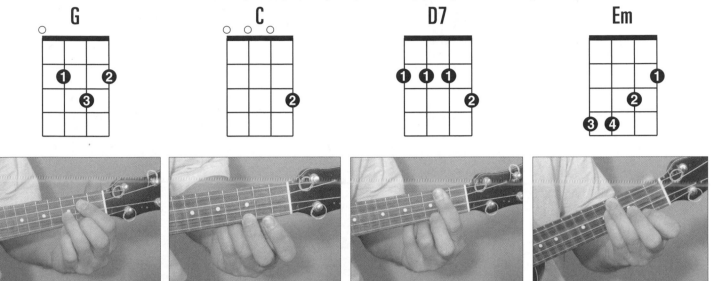

Répétez cette progression jusqu'à enchaîner facilement les accords. Essayez de la jouer sur le rythme de l'accompagnement avec l'index entendu dans le audio.

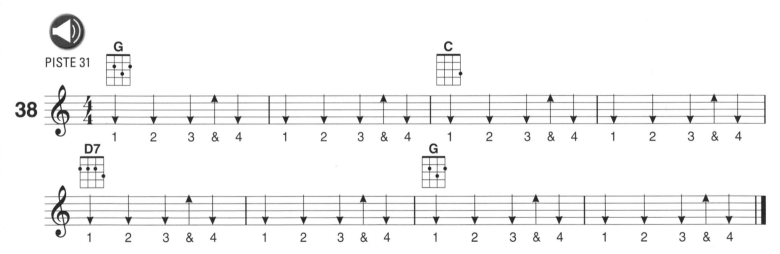

PISTE 31

Maintenant, essayez *Ooh-Wah Uke* dans la tonalité de Sol Majeur. Utilisez le rythme de l'accompagnement avec le pouce et l'index avec sa variation que vous venez d'apprendre.

OOH-WAH UKE

PISTE 32

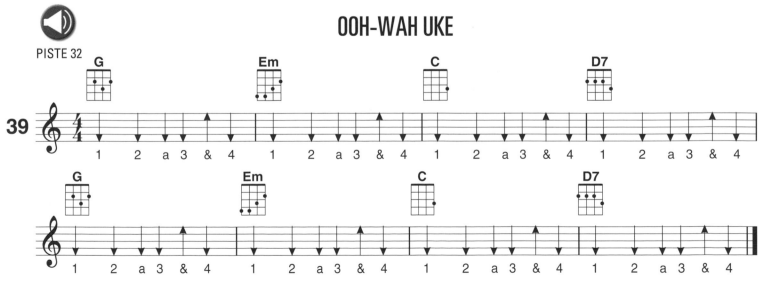

Pour commencer, soyez à l'aise avec cette mélodie. Puis apprenez le rythme de l'accompagnement en jouant les accords.

BOIL 'EM CABBAGE DOWN

lent : PISTES 33 & 35
rapide : PISTES 34 & 36

Bluegrass

LA MESURE À TROIS TEMPS (3/4)

Tandis que la plupart des chansons que nous avons étudiées jusqu'à présent avaient quatre temps par mesure, une mesure de 3/4 ne compte que trois temps par mesure. L'un des rythmes les plus connus de 3/4 est celui de la valse. La valse est une danse ancienne d'Europe de l'Est qui date du début du dix-huitième siècle. Aujourd'hui, ce rythme a une part importante dans la musique américaine.

TROIS TEMPS PAR MESURE
UNE NOIRE (♩) = UN TEMPS

On compte : "UN – deux – trois,
            UN – deux – trois,
            UN – deux – trois."

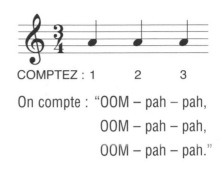

COMPTEZ : 1   2   3

On compte : "OOM – pah – pah,
            OOM – pah – pah,
            OOM – pah – pah."

Il existe véritablement des milliers de chansons en 3/4 ou en rythme de valse, telles que *Goodnight Irene*, *Tennessee Waltz*, *Melody of Love*, *After the Ball*, *Scarborough Fair*, *Streets of Laredo* et *Norvegian Wood*.

Voici un exercice de mélodie en 3/4 utilisant les notes Sol et Si. Comptez en jouant.

WALTZ

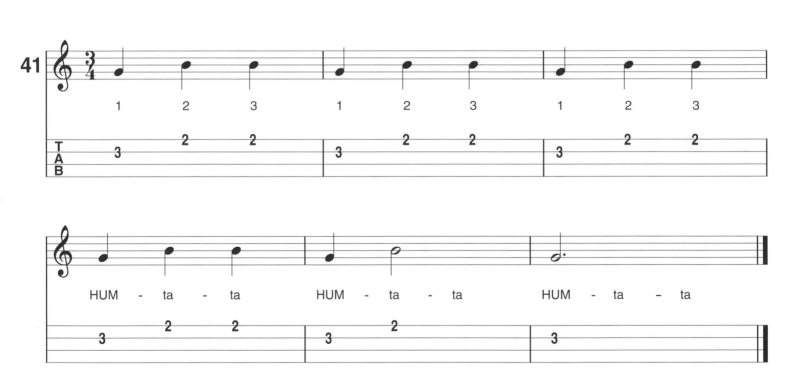

La Reine d'Hawaï Liliuakalami dit un jour que le mot ukulélé signifiait "le don qui vient d'ailleurs". Uku signifie "don" et lélé se traduit par "venir".

Old Time Herald

Jouez cet exercice en 3/4 en utilisant l'accompagnement avec le pouce.

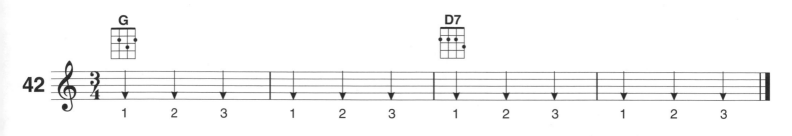

L'ACCOMPAGNEMENT EN 3/4

Voici une des multiples manières d'accompagner en 3/4.

1. Placez votre index en bas du manche comme si vous étiez prêt à accompagner ;

2. Mettez-vous en position de Sol ;

3. Descendez sur le premier temps en accentuant ce temps ;

4. Descendez à nouveau sur le deuxième temps ;

5. Continuez en remontant rapidement sur le "et" du deuxième temps ;

6. Finissez avec une dernière descente sur le temps 3.

Tout cela ressemble à ceci :

COMPTEZ : 1   2   &   3

Faisons un essai.

PISTE 37

WALTZ STRUM

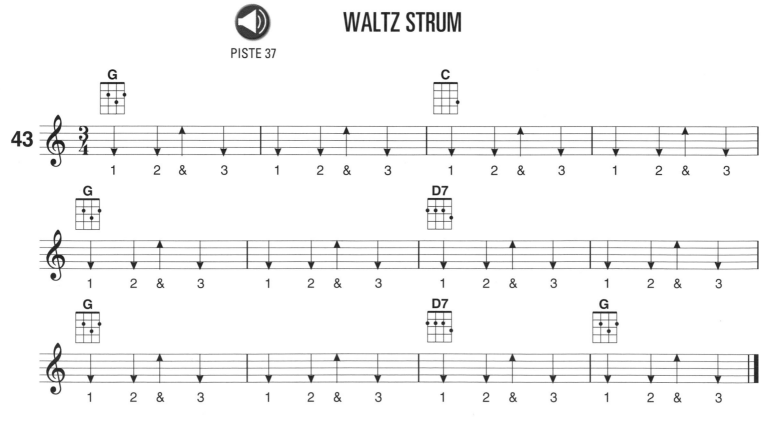

Jouez cette mélodie bien connue, en jouant les accords avec l'accompagnement en 3/4.

AMAZING GRACE

PISTES 38 & 39

John Newton

arrangé par
Lil' Rev et John Nicolson

John Newton était le capitaine d'un navire négrier. Tandis qu'il naviguait en haute mer, il se dit touché par la grâce divine et retourna en Afrique pour libérer ses captifs. Il se mit à écrire de nombreuses hymnes devenues des classiques. *Amazing Grace* est l'une de ses plus célèbres compositions.

LA FAMILLE DE L'ACCORD DE FA
Accords de F (FA), B♭ (Si♭) et C7 (DO7)

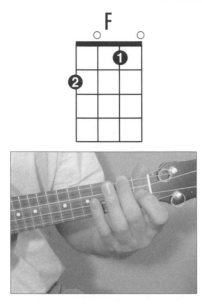

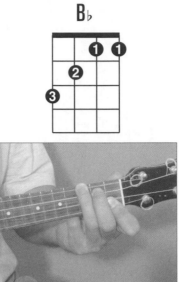

Essayez de jouer seulement l'accord de Fa (F).

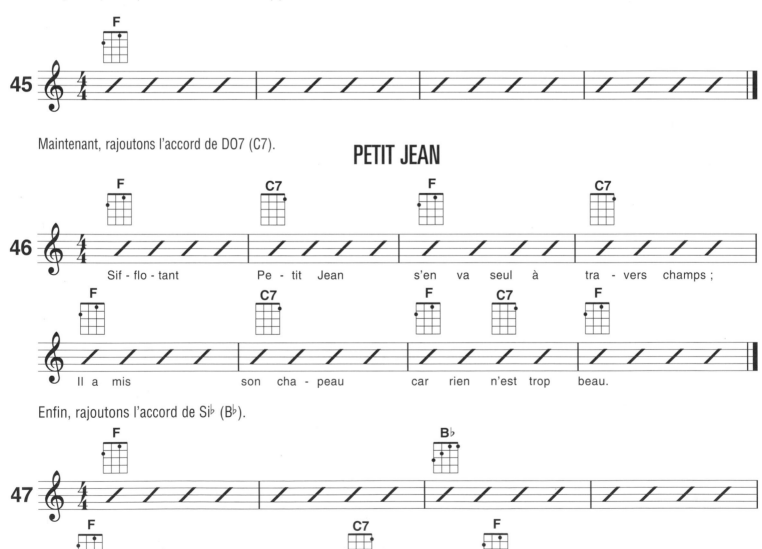

Maintenant, rajoutons l'accord de DO7 (C7).

PETIT JEAN

Sif - flo - tant   Pe - tit   Jean   s'en   va   seul   à   tra - vers   champs ;

Il a mis   son   cha - peau   car   rien   n'est   trop   beau.

Enfin, rajoutons l'accord de Si♭ (B♭).

Essayez de jouer l'exercice suivant à la *Rolling in My Sweet Baby's Arms*. L'accompagnement avec l'index permet d'entendre et de suivre facilement. Votre objectif est de changer d'accords facilement sans arrêter le rythme. Quand vous y parviendrez, vous serez prêt pour apprendre d'autres chansons dans la tonalité de Fa (F).

ROLLING

PISTE 40

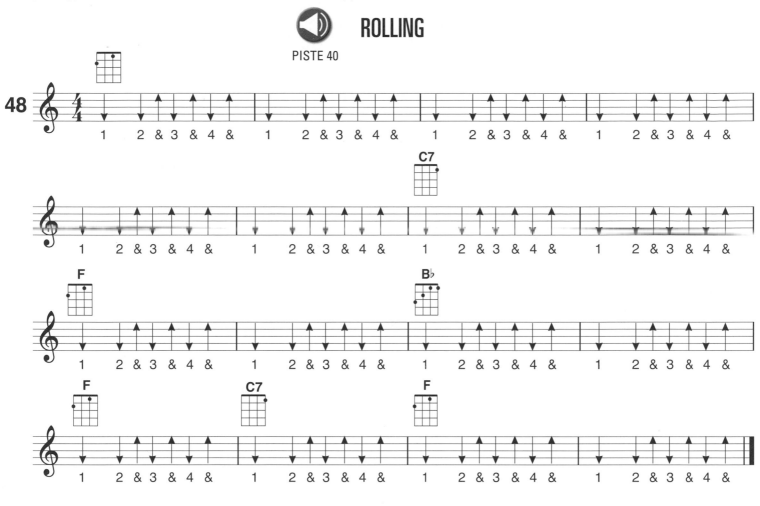

JUKING THE UKE

PISTE 41

La structure de blues la plus répandue est celle de douze mesures, mais il existe des morceaux de blues dans d'autres formes, de huit, et même trente-deux mesures. Voici un exemple sur huit mesures. L'accompagnement avec l'index permet d'entendre et de suivre facilement.

Lil' Rev

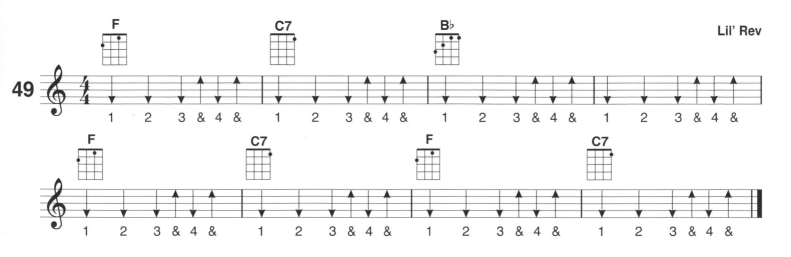

LES DIÈSES ET LES BÉMOLS

Le signe # (dièse), augmente la hauteur d'une note d'un demi-ton (une case). Quand vous voyez le signe dièse devant une note sur la portée, vous devez jouer cette note en la jouant une case plus aiguë. Inversement, quand vous voyez le signe bémol (♭) vous devez jouer cette note une case plus grave.

FA DIÈSE (F#)

L'ARMURE DE LA CLÉ

Plutôt que de noter un bémol (♭) devant chaque Si d'un morceau, une manière plus pratique consiste à placer simplement un bémol en début de chaque ligne. Ainsi, à chaque fois que vous voyez un Si, vous jouez un Si bémol. Cela s'appelle une armure de clé et fonctionne pour tous les dièses et tous les bémols. Les exercices ci-dessous utilisent une armure de clé.

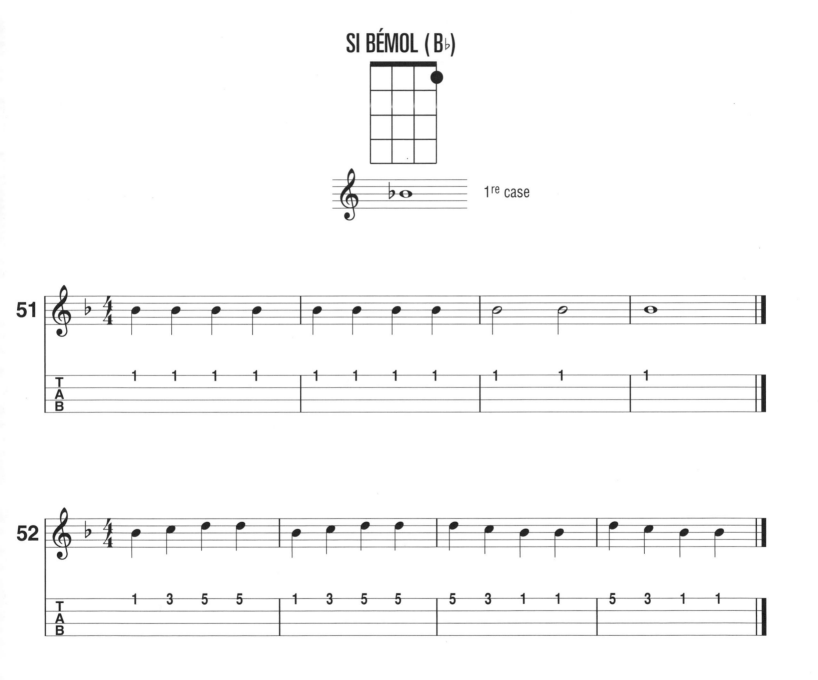

ASTUCE DE TRAVAIL

Une pratique régulière est essentielle. S'entraîner une demi-heure par jour est plus efficace que de jouer deux heures tous les quatre jours. Trouvez un moment régulier dans la journée qui vous convienne, et tenez bon !

LA GAMME DE FA MAJEUR

Maintenant que vous connaissez le Si♭, vous savez jouer toutes les notes de la gamme de Fa Majeur. L'armure de clé (avec un Si bémol) nous indique que nous sommes dans la tonalité de Fa. Remarquez la nouvelle note de Fa aigu. Jouez-la avec votre petit doigt dans la 8e case de la première corde.

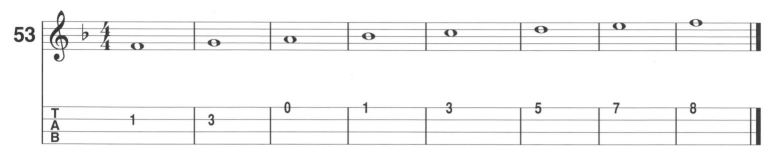

CLÉMENTINE

PISTE 44

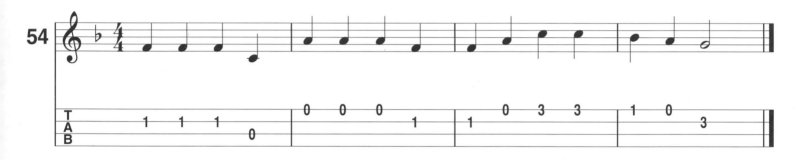

En montant la gamme de Fa Majeur :

PISTE 45

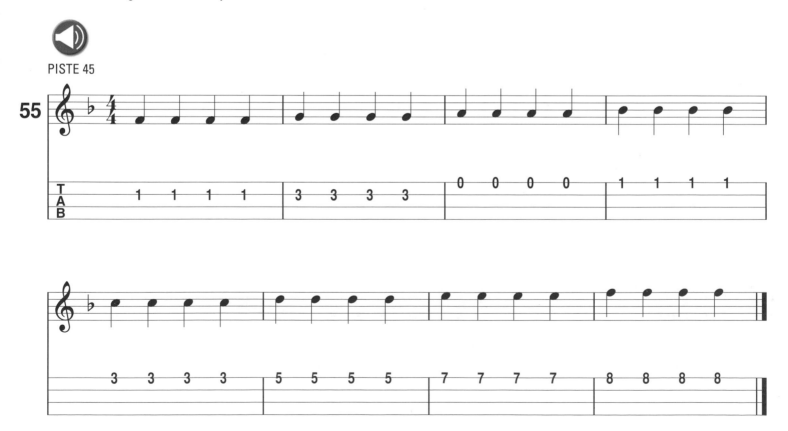

Maintenant, essayons de jouer une mélodie simple dans la tonalité de Fa en utilisant le pouce pour jouer chaque note. Allez lentement puis accélérez progressivement.

PAW PAW PATCH

PISTES 46 & 47

Traditionnel

Where, oh, where is dear lit-tle Nel-lie? Where, oh, where is dear lit-tle Nel-lie?

Where, oh, where is dear lit-tle Nel-lie? Way down yon-der in the paw paw patch.

Voici une très belle mélodie pour vous à jouer dans la tonalité de Fa. Une fois que vous saurez bien jouer la mélodie, reprenez-la en essayant de chanter et de vous accompagner en frappant le rythme du pied.

SKIP TO MY LOU

PISTES 48 & 49

Chanson enfantine américaine

Skip, skip, skip to my Lou, skip, skip, skip to my Lou,

skip, skip, skip to my Lou, skip to my Lou my dar-ling.

Remarquez la nouvelle armure de clé de ces deux chansons. Rappelez-vous qu'il faut jouer tous les Fa une case plus aiguë, c'est-à-dire en Fa♯.

PISTE 50

AU CLAIR DE LA LUNE

Chanson traditionnelle française

Soyez attentifs aux Fa♯ dans les treizième et quinzième mesures.

SHE'LL BE COMING 'ROUND THE MOUNTAIN

PISTE 51

Chanson traditionnelle

LE ROULEMENT

Le roulement (roll stroke) est une technique d'accompagnement très rythmique qui amplifie le coup qui descend sur les cordes en déroulant les doigts un par un. Correctement réalisé, il devrait sonner comme un battement continu.

Pensez que vous faites rouler une petite boule de papier de votre bureau avec un doigt. Puis imaginez que vous faites rouler quatre boules de papier (l'une après l'autre) avec quatre doigts. Voilà ce que vous faites à travers un roulement.

1. Descendez avec votre petit doigt sur les quatre cordes.

2. Laissez votre annulaire suivre juste après le petit doigt.

3. Maintenant, votre majeur suit en descendant sur les quatre cordes.

4. Pour finir, descendez votre index lui aussi sur les cordes.

Pensez à dérouler vos doigts de façon régulière, l'un après l'autre. Quand vous maîtrisez ce geste, vous pouvez y ajouter votre pouce, qui suivra tout de suite l'index dans sa descente.

À la fin de *Shave and a Haircut*, essayez le roulement sur l'accord de D7 puis rapidement sur l'accord de G. Cela demande un petit peu d'entraînement mais cela en vaut la peine. Quand les notes ou la tablature sont placées en colonne comme ci-dessous, elles indiquent un accord ou un groupe de notes jouées simultanément.

SHAVE AND A HAIRCUT

PISTE 53

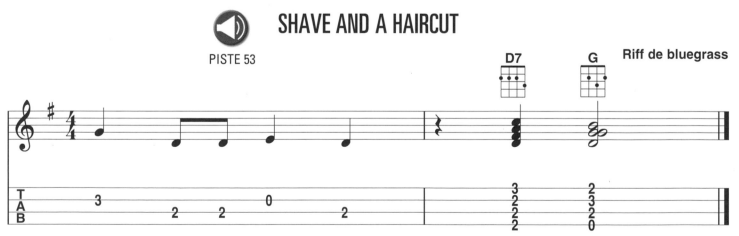

Ce riff est généralement joué à la fin des chansons. Quand vous saurez le jouer rapidement, vous pourrez l'utiliser à la fin des chansons dans la tonalité de Sol (telle que *Boil 'Em Cabbage Down*).

Défi de Beverly Uke-a-Billy : voyez si vous arrivez à jouer ce riff dans d'autres tonalités.

LE TRÉMOLO

Le **trémolo** permet d'obtenir un son très beau et agréable lorsqu'il est joué sur le ukulélé. Voici comment l'obtenir :

1. Étendez les doigts de la main droite comme sur la photo.

2. Placez votre index sur la dixième case.

3. Avec la pulpe du doigt, frottez doucement mais avec rapidité les quatre cordes dans un mouvement continu d'aller-retour.

Le signe que nous utiliserons pour le trémolo est (𝄍).

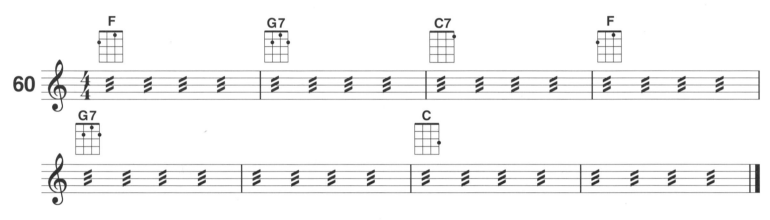

Reprenez la page 18 et révisez la mélodie de *Aura Lee.* Une fois que vous l'aurez mémorisée, jouez cette suite d'accords en trémolo. Remarquez le nouvel accord de E7. Il se joue comme l'accord de D7 que vous connaissez mais deux cases plus haut. Il y a ici aussi un autre accord nouveau qui est facile à jouer: l'accord de Am. Regardez la page suivante pour la position de Am. Comptez "1 – 2 – 3 – 4" pour chaque mesure. Puis essayez de jouer avec la piste 18.

AURA LEE
PISTE 54

40

L'accord de Am

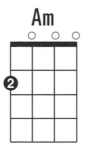

Am

Familiarisez-vous avec ce nouvel accord et revoyez les positions des accords de C, F et G7. Puis essayez de jouer *Doo-Wop Uke* en trémolo. Travaillez jusqu'à obtenir un trémolo régulier en passant d'un accord à l'autre sans perdre le rythme. N'oubliez pas d'utiliser la pulpe de votre index.

DOO-WOP UKE

PISTE 55

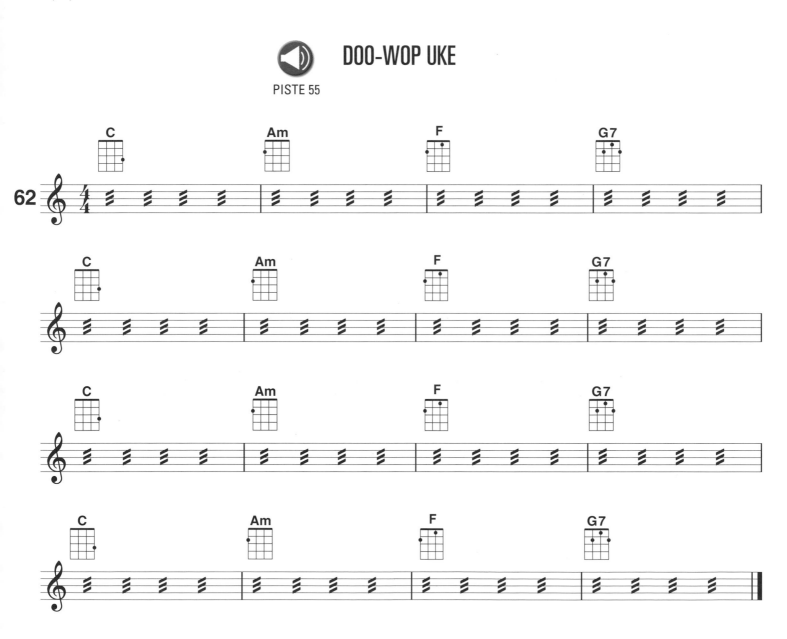

LES SILENCES

La musique est faite de sons et de silences. Ces moments où vous ne jouez pas sont indiqués par des signes appelés **silences**. Ils sont aussi importants que les notes que vous jouez. À chaque valeur de note correspond un silence de même durée.

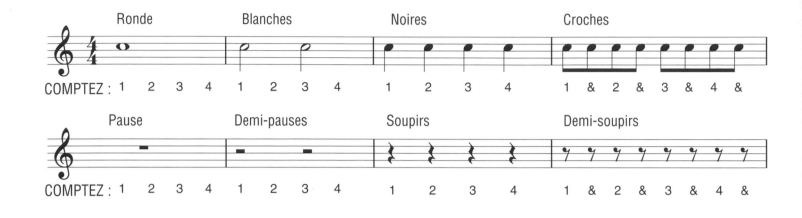

N'oubliez pas de compter en faisant ces exercices.

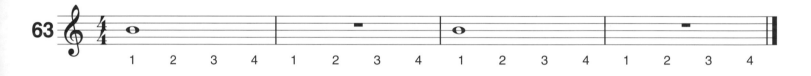

Parfois, cela aide de taper avec le pied durant les silences pour conserver le rythme.

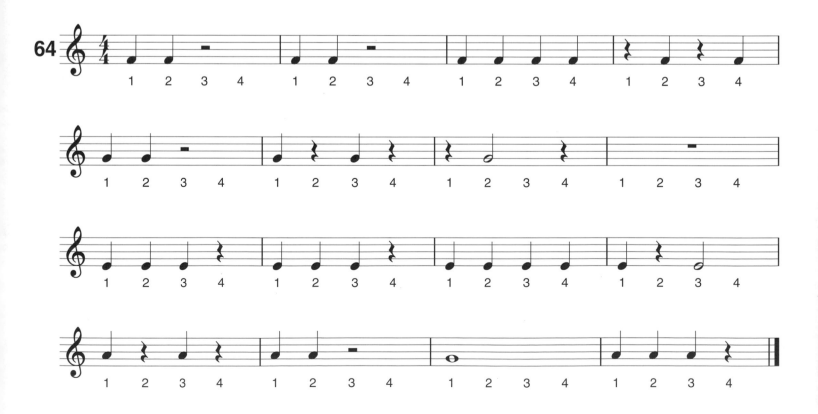

Goodnight Ladies contient à la fois des soupirs et des demi-soupirs. Prêtez attention à l'armure de la clé.

GOODNIGHT LADIES

PISTES 56 & 57

MERRILY WE ROLL ALONG

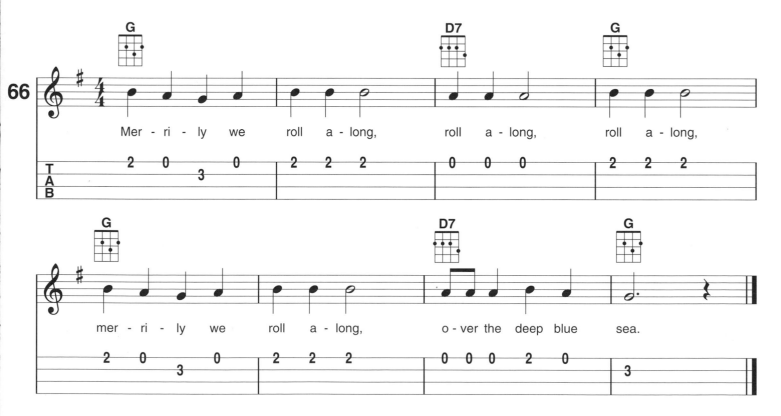

LA FAMILLE DE L'ACCORD DE EM (MI MINEUR)
Accords de Em (Mi mineur), Am (La mineur) et B7 (Si7)

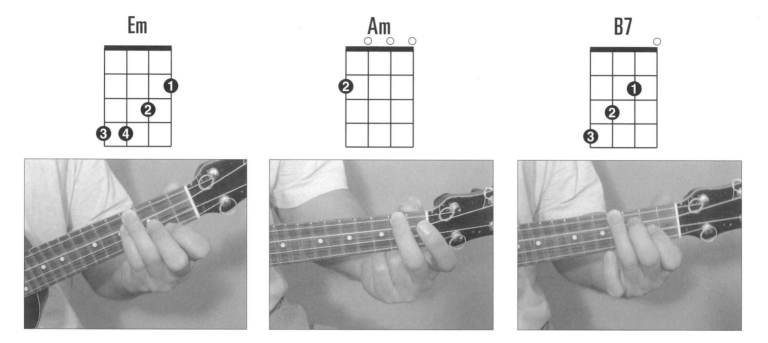

Vous avez déjà joué l'accord de Am dans *Doo-Wop Uke*, découvrez à présent les autres accords de la famille de Mi mineur.

Les accords mineurs offrent un contraste avec le son joyeux des accords majeurs et de septième que nous avons rencontrés. Certains musiciens qualifient le son de l'accord mineur de "sinistre" ou de "triste".

Commençons par jouer l'accord de Em.

Maintenant, mélangeons-le avec l'accord de Am.

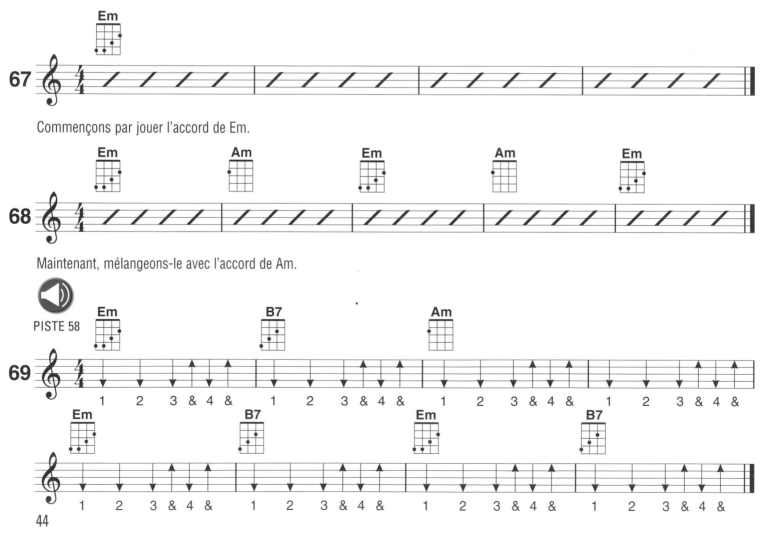

Voici un blues typique de douze mesures en mi mineur. N'oubliez pas de compter "1 – 2 – 3 – 4". Écoutez les différentes variations d'accompagnement qui sont jouées sur la piste 40. Essayez de les mélanger en jouant ce morceau et utilisez les différentes formules rythmiques que vous avez apprises.

THE HAUNTED UKE BLUES

PISTE 59

Blues

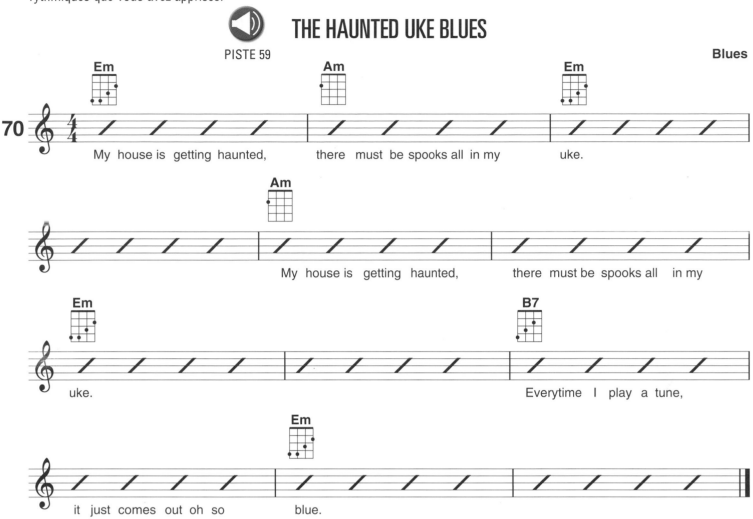

My house is getting haunted, there must be spooks all in my uke.

My house is getting haunted, there must be spooks all in my

uke. Everytime I play a tune,

it just comes out oh so blue.

Essayez de jouer cette mélodie mineure avec votre pouce.

HEY, HO, NOBODY HOME

PISTE 60

Mélodie traditionnelle anglaise

Hey, ho, no - bod - y home, meat nor drink nor

mon - ey have I none yet will I be mer - ry.

ACCORDS SUPPLÉMENTAIRES

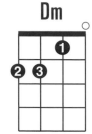 Dm

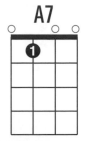 A7

Familiarisez-vous avec ces positions d'accords, puis entraînez-vous à les enchaîner.

PISTE 61

Maintenant, mélangeons-les vraiment !

Voici un défi : au lieu de tous les quatre temps, essayez de changer d'accord tous les deux temps, puis sur chaque temps. Jouez lentement au début puis accélérez progressivement.

PISTE 62

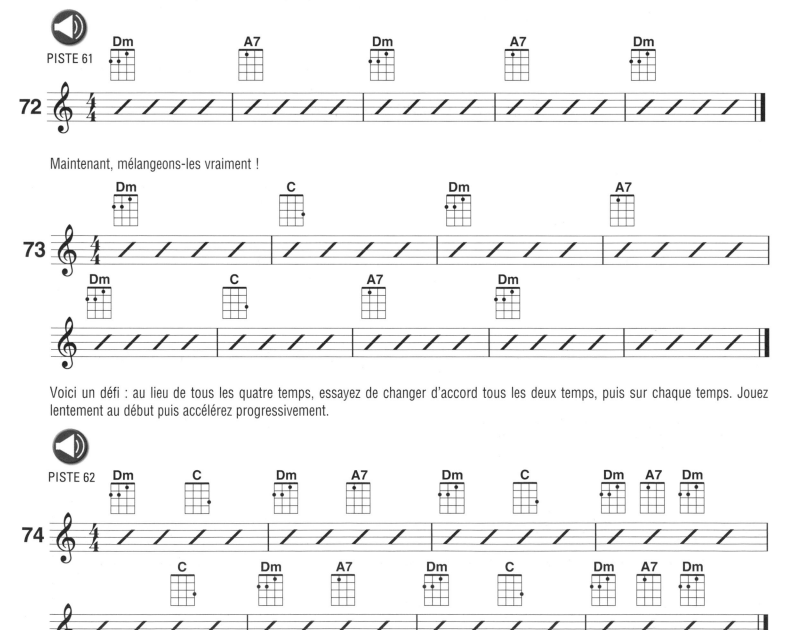

Maintenant que vous maîtrisez l'accord de Dm, jouons une mélodie en mineur. Allez lentement et faites attention à la valeur de chaque note. Accélérez progressivement. Il y a un nouvel accord dans *Scarborough Fair* que vous n'avez pas encore vu, le A (LA majeur). Vous trouverez cet accord et beaucoup d'autres dans le tableau d'accords à la fin du livre.

TABLEAU D'ACCORDS

Voici tous les accords que nous avons joués dans ce livre et quelques autres accords courants que vous pourrez rencontrer dans vos aventures musicales de joueur de ukulélé.

Majeur	Mineur	7e
C	**Cm**	**C7**
D	**Dm**	**D7**
E	**Em**	**E7**
F	**Fm**	**F7**
G	**Gm**	**G7**
A	**Am**	**A7**
B♭	**B♭m**	**B♭7**
B	**Bm**	**B7**

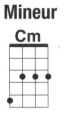
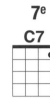